JE SUIS une FILLE REBELLE

JE SUIS une FILLE REBELLE

Le JOURNAL DE MES RÉVOLUTIONS

FRANCESCA CAVALLO
ELENA FAVILLI

LES ARÈNES

PREMIÈRE ÉDITION :

Direction éditoriale : Francesca Cavallo et Elena Favilli

Direction artistique : Giulia Flamini

Mise en page : Annalisa Ventura

Illustrations : Martina Paukova, Kate Prior et Camila Rosa

Couverture : Kate Prior

www.rebelgirls.co

ÉDITION FRANÇAISE :

Couverture : Hello Shane

Édition et traduction : Seymourina Cruse, Victoria Scoffier

Fabrication : Marie Baird-Smith

Mise en page : Alexandra Tenenbaum

Correction : Nathalie Capiez

Achevé d'imprimer en Italie par Graphicom, en juillet 2019.

ISBN : 978-2-7112-0190-7

Dépôt légal : septembre 2019

La liberté est votre destination.

À vous d'en dessiner le chemin.

Sommaire

Introduction

Chère Rebelle,

En grandissant comme des petites filles, on nous a appris à colorier à l'intérieur des lignes que d'autres personnes ont dessinées pour nous. On nous a appris à dire « oui » même quand nous voulions dire « non ». On nous a appris à prendre aussi peu de place que possible.

Il est temps d'arrêter de transmettre ces leçons.

Avec ce journal, nous vous offrons un miroir pour explorer votre identité sans crainte. Nous ne pouvons atteindre l'égalité que si nous arrêtons de nous focaliser sur les quelques parties de nous-mêmes acceptables pour la société, que si nous admettons le fait que nous avons le droit d'être entières, pleinement nous-mêmes.

Dans ce journal, vous pouvez célébrer vos ambitions sans réserve, aimer votre corps sans honte, organiser des soirées, planifier vos projets et votre vie d'aventurière dans ses moindres détails.

Si le monde vous dit de rétrécir, nous vous demanderons de voir en très grand. Si le monde vous dit de vous taire, nous passerons outre, tel un mégaphone ! Si le monde remet en question les droits des femmes, nous les imposerons et ce journal vous donnera carte blanche pour rédiger votre propre déclaration des droits.

Je suis une fille rebelle est conçu pour vous aider à entraîner votre esprit rebelle, à exploiter votre potentiel avec joie et détermination, à devenir un agent du changement.

La collection des *Histoires du soir pour filles rebelles* raconte les actes audacieux de nombreuses femmes exceptionnelles. *Je suis une fille rebelle* parle de vous et de votre révolution.

Lorsque vous tenez ce journal, sachez que vous n'êtes pas seule. Assises à leur bureau ou à leur table de cuisine, penchées sur leurs genoux dans un train ou un bus, beaucoup d'autres filles et femmes rêvent, dessinent et construisent comme vous un monde différent.

Nous sommes impatientes de voir ce que vous allez accomplir !

Amicalement,
Francesca Cavallo
Elena Favilli

JE SUIS une FILLE REBELLE

Comment je me vois

J'ai le droit de...

C'est moi à l'envers

Mon look de tous les jours

JE SUIS PUISSANTE !

Ma famille

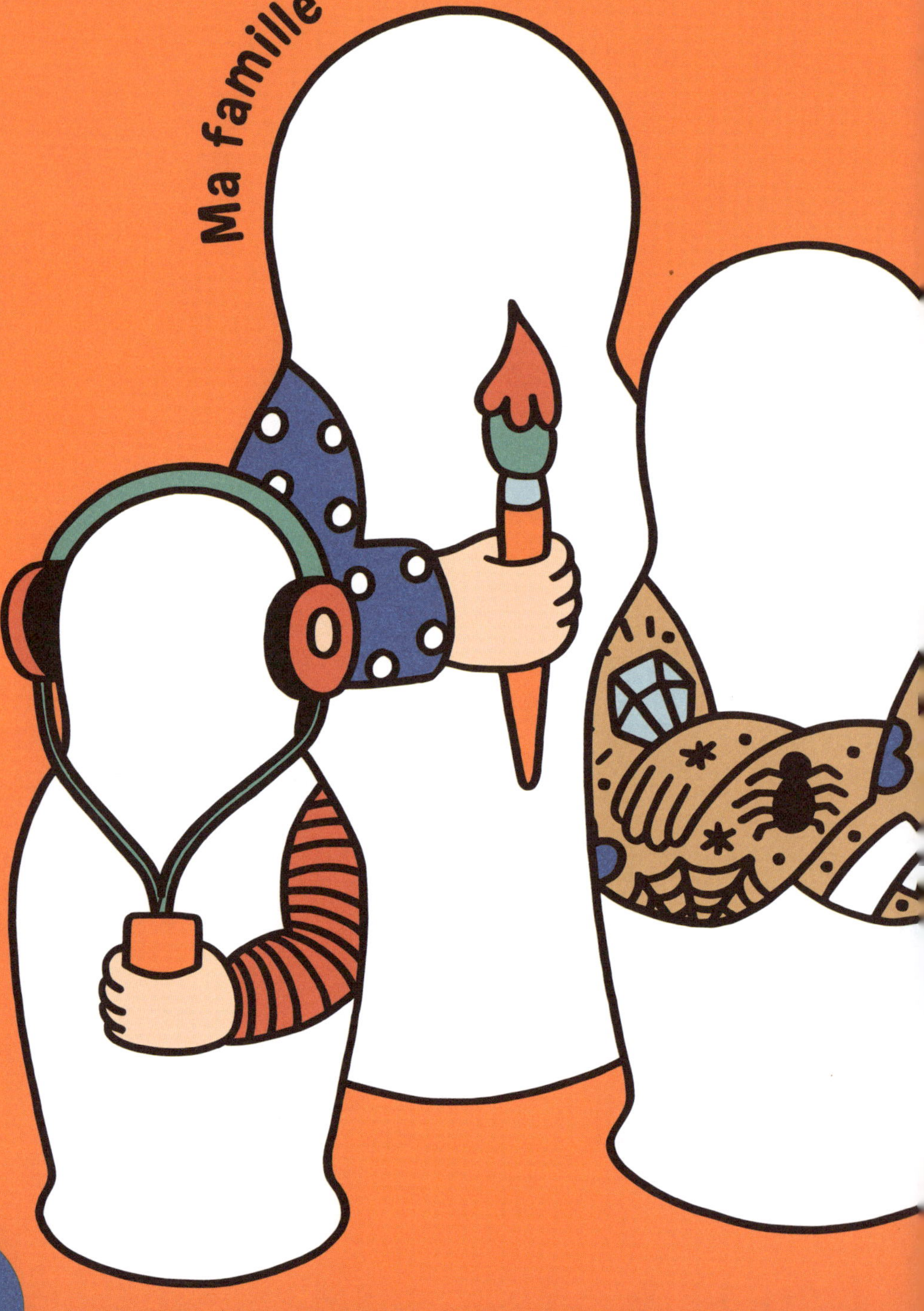

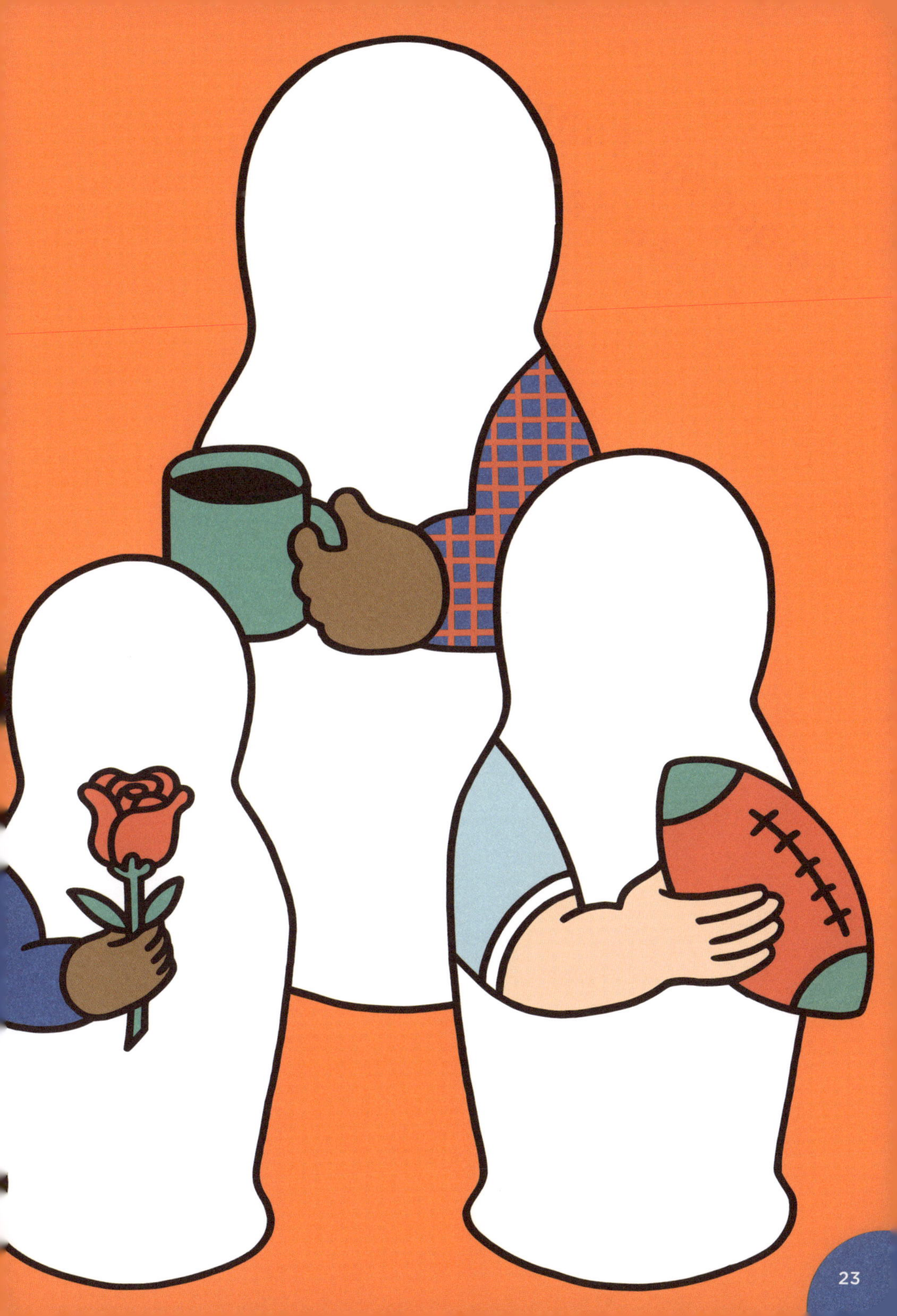

Ce que ma famille
pense de moi...

Comment je m'assois

Comment je dors

Mots d'amour aux parties préférées de mon corps

Ce que j'aime manger

Ce que je trouve bizarre

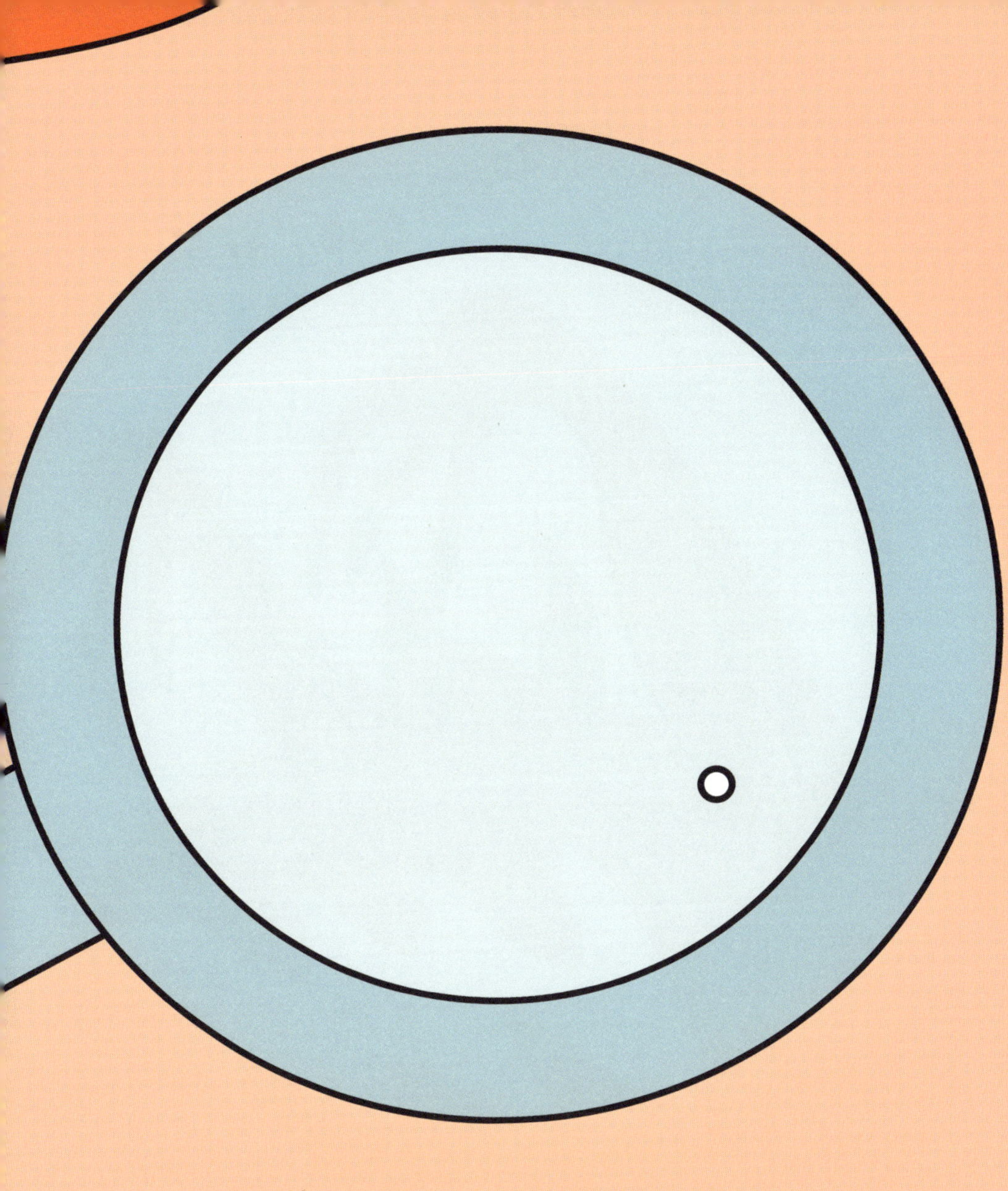

Les peurs que j'ai

Les peurs que je n'ai pas

Les choses auxquelles je dis

Playlist
filles
1.
2.
3.
4.
5.

des
ebelles
6.
7.
8.
9.
10.

Les animaux qui me ressemblent

Ce que je peux soulever !

Moi le ventre à l'air

Mes pas de danse

Quand j'éteins la lumière, je pense à...

Les mots que j'aime

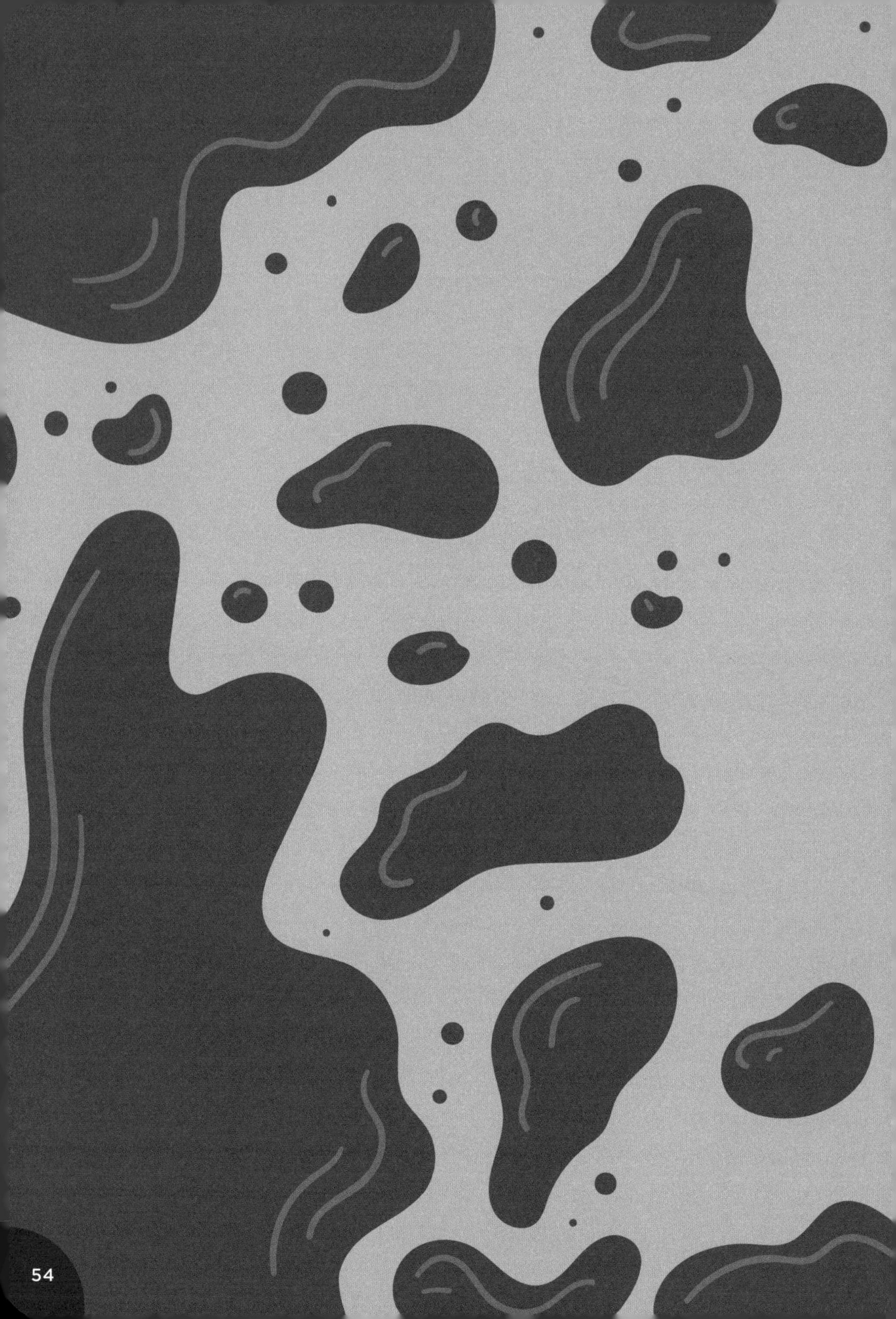

Moi couverte de boue

Ce que j'ai cassé

Les questions auxquelles je n'ai pas de réponses

Mes meilleures blagues

Mes vœux secrets

Colle ces pages ensemble pour garder ton secret.

Ce que je veux DANS mon placard

Ce que je veux HORS de mon placard

Les mots importants que j'ai inventés

Les personnes que je veux rencontrer

LE MINI MARTIEN

Code secret

A ______

B ______

C ______

D ______

E ______

F ______

G ______

H ______

I ______

J ______

K ______

L ______

M ______

N ______

O ______

P ______

Q ______

R ______

S ______

T ______

U ______

V ______

W ______

X ______

Y ______

Z ______

Message secret

Code secret

A ____________ H ____________ O ____________ V ____________

B ____________ I ____________ P ____________ W ____________

C ____________ J ____________ Q ____________ X ____________

D ____________ K ____________ R ____________ Y ____________

E ____________ L ____________ S ____________ Z ____________

F ____________ M ____________ T ____________

G ____________ N ____________ U ____________

TU AS LE DROIT D'AVOIR PEUR.

Ce qui me met en colère

Les méchants que je vais vaincre

Tous mes combats

MON INTERVIEW D'UNE FEMME COURAGEUSE

....

LA REINE PIRATE

Je veux rester libre

Ces règles n'ont pas de sens pour moi

Ma manif

Chère future moi,

Moi en GÉANTE

Une invention incroyable

Ce que j'aime chez mes amies

Ma boutique

Comment gagner 10 €

Comment épargner 10 €

Il m'est arrivé quelque chose de bizarre

Les livres que je vais écrire

Moi en fée

Mon plan de carrière

90 ans
60 ans
40 ans
25 ans

Chère ______________________ ,

J'ai besoin d'aide...

Peux-tu m'aider ?

☐ Oui

☐ Non

☐ ____________

JE SUIS LA
BONNE PERSONNE,
AU BON MOMENT,
AU BON ENDROIT.

Mon plus grand rêve

Ce prix est décerné à … MOI !

Portrait de mon amour secret

Colle ces pages ensemble pour garder ton secret.

Tu veux bien sortir avec moi ?

Quand :

____

Où :

____

☐ **Oh oui !** ☐ **Peut-être** ☐ **Non !**

Poème d'amour à mes poils

Les sentiments cachés

derrière mes lunettes

CONSEILS
NON SOLLICITÉS

Château fort des rebelles

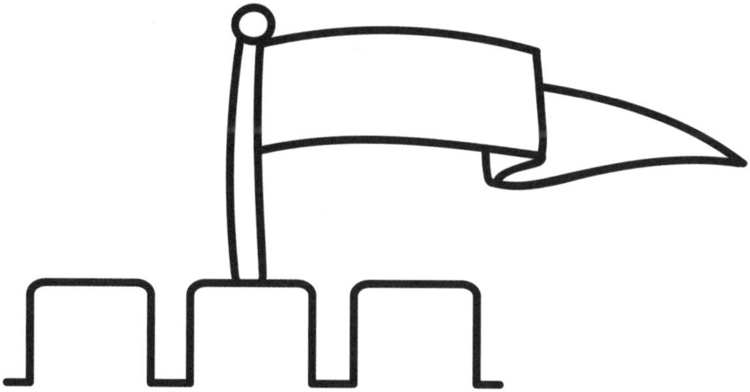

Les rebelles dont je suis fière

Je crois en mes Soeurs

Le rap des rebelles ♥

Une déclaration d'amour

Mots importants dans d'autres langues

Une journée d'aventures

Moi en haut d'une montagne

Les livres à emporter sur une île déserte

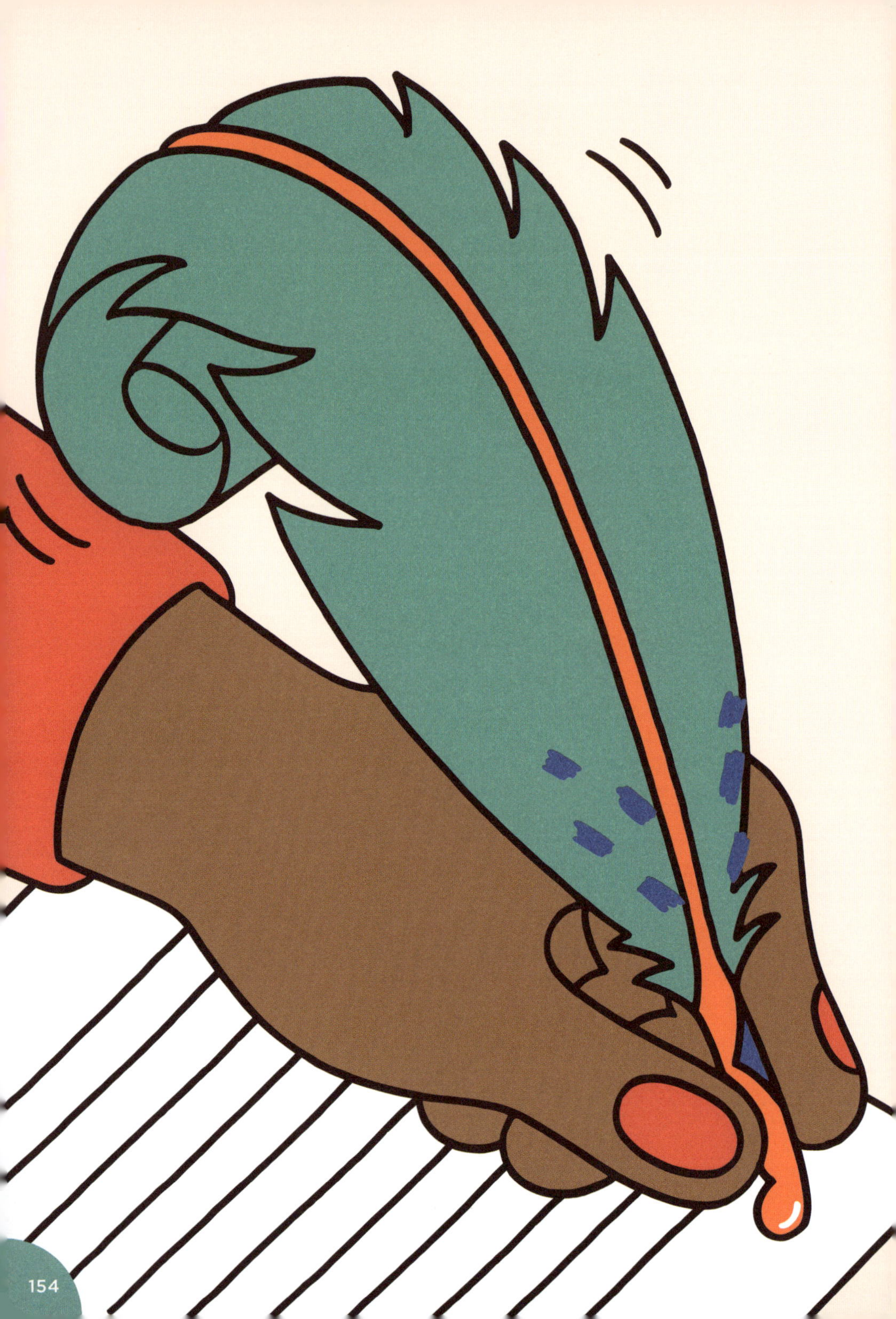

Chère ______________________ ,

Tu me manques...

JE
LE VAUX
BIEN !

Ça arrive. Je le vois !

Les questions qu'on ne m'a jamais posées

AVANT

APRÈS

MADAME LA PRÉSIDENTE

TRÈS BIEN, MARCHÉ CONCLU !

Mon argent de poche

50
20

J'ai soif de...

1 pincée de

____

1 pincée de

____

1 cuillerée de

____

1 cuillerée de

____

1 louche de

____

1 louche de

____

Recette pour un désastre

Le coin de la tristesse

Salon de tatouage

Lettre
à un(e) élu(e)

LA RÉVOLUTION COMMENCE AVEC MOI !

Des idées époustouflantes

Moi sous l'eau

Ce que mes amis pensent de moi...

Offre cette page !

J'ai offert
cette page à

Je lâche prise

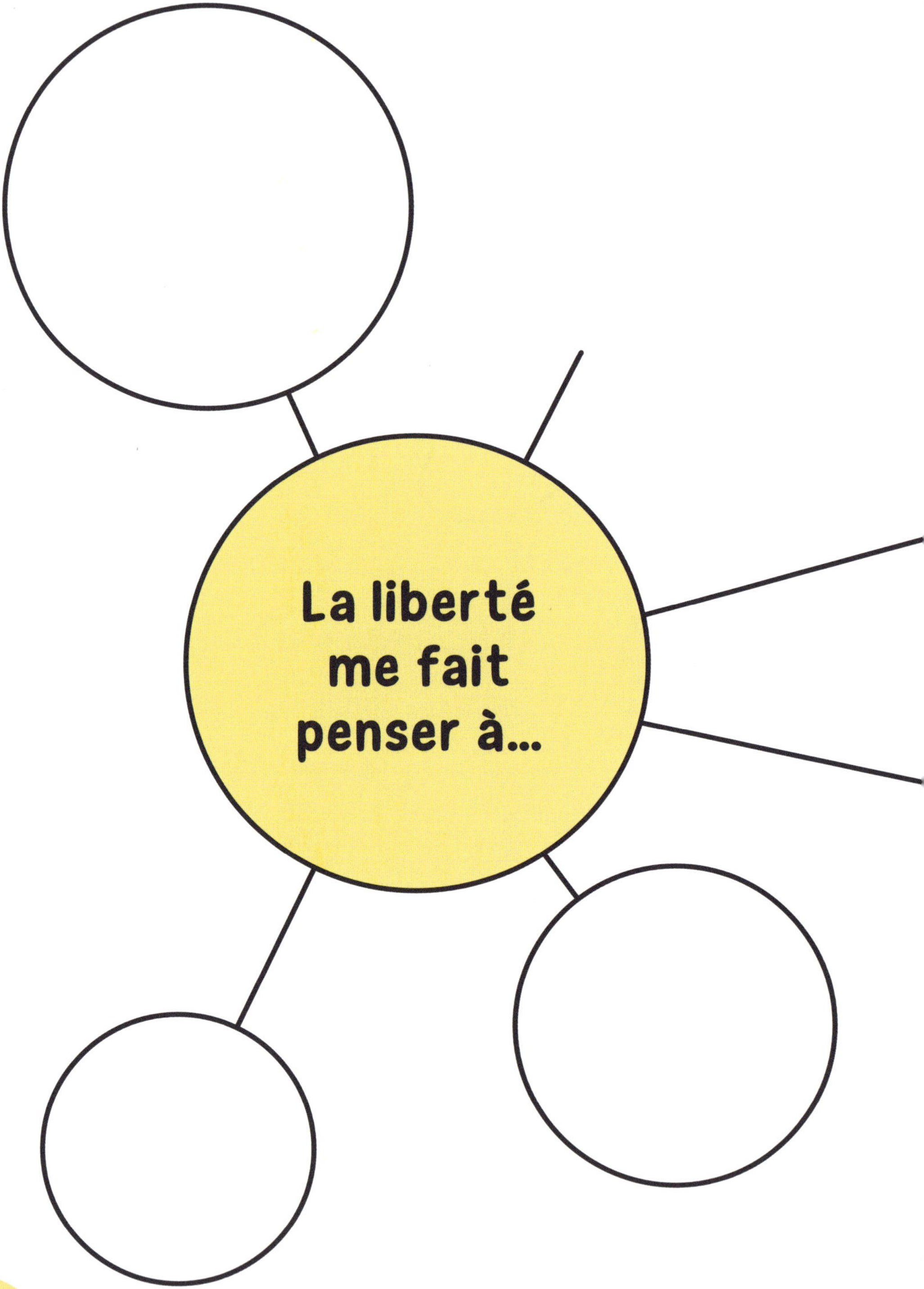
La liberté
me fait
penser à…

Aujourd'hui,

je me suis sentie...

Sur une licorne à toute allure

Mon drapeau

Plan de bataille

Plus fortes ensemble !

Moi !

INVITATIONS !

Rendez-vous

Manifestation

Soirée

De :

À :

Où :

Quand :

De :

À :

Où :

Quand :

De :

À :

Où :

Quand :

Club secret

Compétition

Goûter d'anniversaire

De :

À :

Où :

Quand :

De :

À :

Où :

Quand :

De :

À :

Où :

Quand :

PARLE.
LE MONDE
ÉCOUTE.

Portrait de moi
par ______________

Ce que l'avenir me réserve

ZOO

S'il vous plaît, arrêtez de m'offrir...

Merci à VOUS TOUTES !!!

Une dernière chose…

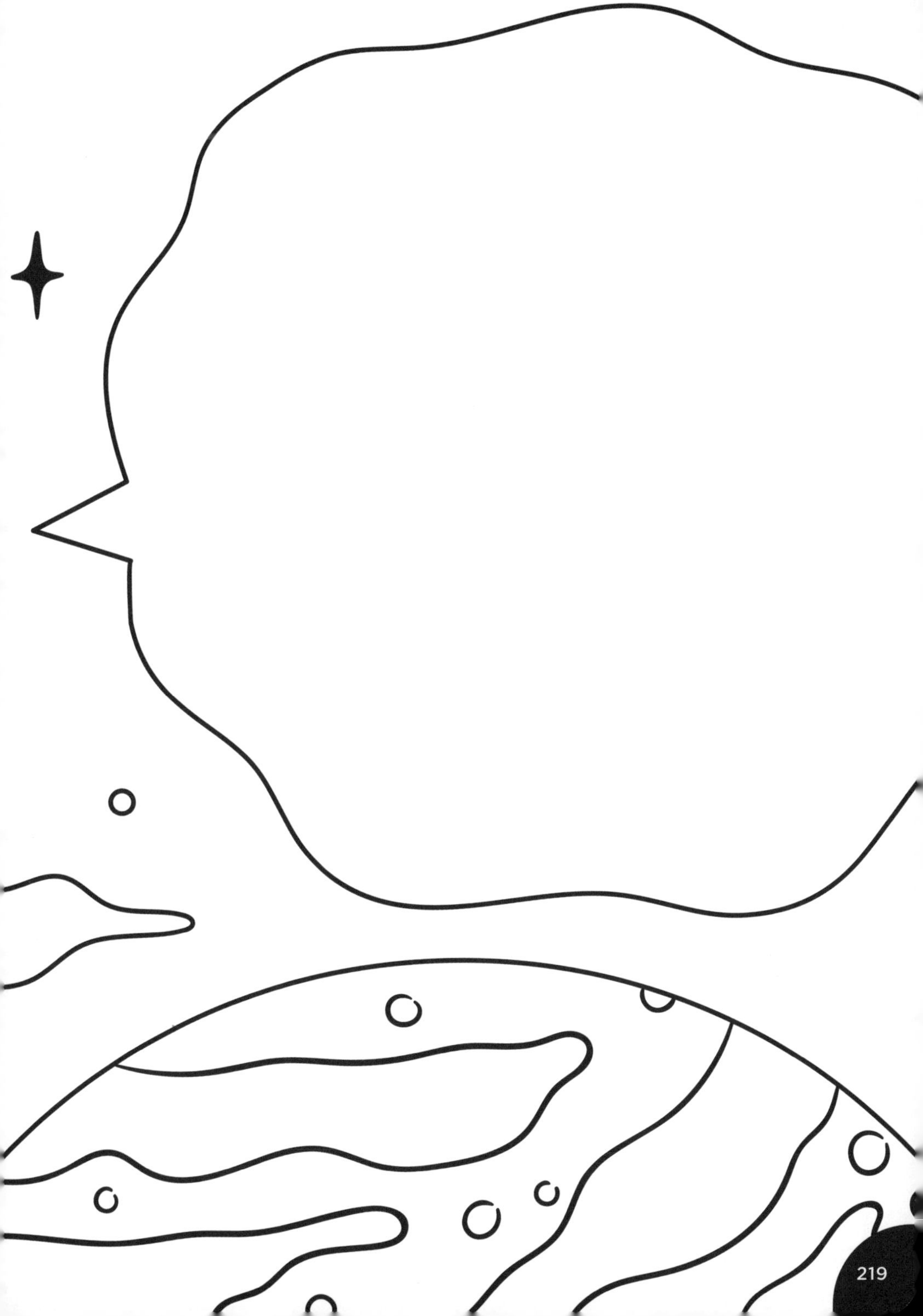

LES RÉVOLUTIONS SONT FAITES POUR ÊTRE PARTAGÉES !

Rejoins le Mouvement des Filles rebelles et partage tes créations avec les autres rebelles du monde entier.

Facebook : www.facebook.com/rebelgirls
Instagram : @rebelgirlsbook
Twitter : @rebelgirlsbook

Utilise le hashtag #IAMAREBELGIRL et #REBELGIRLSJOURNAL et raconte-nous ta trajectoire de fille rebelle sur le groupe Facebook The Rebel Girls Movement :
facebook.com/groups/therebelmovement

On se retrouve là-bas !

Remerciements

Nous remercions du fond du cœur notre incroyable communauté de rebelles qui, une fois de plus, nous a soutenues sur Kickstarter avec enthousiasme et générosité. Il n'y a rien de mieux que de se sentir entourées et de voir que tant de gens se battent pour la liberté et l'égalité, chacun à sa façon.

Nous remercions aussi notre équipe, qui nous inspire tous les jours. Merci pour votre travail sérieux, votre humour, merci de prendre soin des uns et des autres, et de ne jamais baisser les bras devant un défi. Nous ne pourrions être plus fières de l'entreprise que nous construisons ensemble.

Les autrices

Francesca Cavallo et **Elena Favilli** sont les autrices du best-seller mondial *Histoires du soir pour filles rebelles*, et fondatrices du Mouvement des Filles rebelles. En 2016 et 2017, leur campagne de financement participatif des tomes 1 et 2 bat des records. Elles ont gagné le *Publishers Weekly Star Watch Award* en 2018, produit leur premier podcast, et ont été sélectionnées pour les *People's Choice Podcast Awards*. Elles ont grandi en Italie et vivent aujourd'hui à Venice, en Californie.

Timbuktu est une société de médias primée fondée en 2012 par Elena Favilli (présidente-directrice générale) et Francesca Cavallo (directrice de création). Grâce à des contenus invitant à la réflexion, un design extraordinaire et des innovations commerciales, Timbuktu redéfinit les frontières de l'édition indépendante afin d'inspirer une communauté mondiale de familles progressistes dans soixante-dix pays. Timbuktu abrite des rebelles hétérogènes et passionné.e.s qui travaillent ensemble à Los Angeles, New York, Atlanta, Mérida (Mexique), Londres et Milan.

Pour recevoir des informations ponctuelles sur nos projets en cours, abonnez-vous ici :

www.rebelgirls.co/secret

En partageant votre avis sur ce livre sur vos sites préférés, vous nous ferez vraiment plaisir.

NO
MEANS
NO.

STAY
REBEL!

ONE STEP
AT A TIME

REBEL
GIRLS ROCK

TROUBLE
MAKER

NOT
AFRAID
TO
WIN

GO
REBELS!

I CAN
DO IT!

ADVENTURE
HERE I COME

YEP,
I BUILT
THIS.

I ♥
MY BRAIN

NOT AFRAID
TO LOSE